Warum tauscht ein Spiegel links und rechts – aber nicht oben und unten?

Warum kann man hören, wenn Wasser kocht?

Wie kommt die Haut auf die Milch?

Warum rosten Fahrräder?

Warum schneiden Messer?

Warum fallen wir nicht aus dem Looping raus?

Warum sind nasse Sachen dunkler als trockene?

Warum brennt eine Kerze?

Warum lässt sich Geschenkband kräuseln?

Warum haben wir auf Fotos oft rote Augen?

Impressum

Band 10 der Reihe
„Was Kinder wissen wollen“
Velber Verlag
5. Auflage 2008

Illustrationen: Detlef Kersten
Coverfoto: abpl / Robert Lawson
Fotos: dpa (19); Faber-Castell (23); Info-Zentrum Schokolade, Leverkusen (9); abpl/Robert Lawson (17); Ulrich Niehoff (27); Photodisc (41, 43); Bernd Schellhammer (39); Albert J. Schmidt (44); Hartmut W. Schmidt (7, 11-15, 29, 31); istockphoto.com (21, 25, 33, 35, 37)

Text und Redaktion: Ulrike Berger
Layoutentwurf: Christoph von Herrath
Layout: Anja Schmidt
Druck und Bindung: Zanardi, Italien

ISBN 978-3-86613-240-5

Woher weiß der Toast, wann er fertig ist?

Verblüffende Antworten aus dem Alltag

velber

Warum steigen Strohhalme in Sprudelflaschen hoch?

In den meisten Fällen sinkt ein Strohhalm zunächst auf den Grund des Glases. Denn er ist schwerer als das Getränk. Aber in Getränken mit Kohlensäure steigt er nach kurzer Zeit gerne nach oben. Das liegt an den Luftbläschen, die sich in dem Getränk bilden. Sie bleiben am Strohhalm hängen und ziehen ihn gemeinsam nach oben.

Ein Experiment:
Fülle ein Glas mit sprudelndem Mineralwasser. Lasse einige Rosinen in das Mineralwasser fallen. Die Rosinen beginnen zu tanzen! Erst gehen sie unter, dann steigen sie wieder auf. Und gehen wieder unter und und und ...
Erst wenn das Wasser nicht mehr sprudelt, ist der Rosinentanz zu Ende.

Fanta
0,5L
Mehrwegflasche

Warum ist weiße Schokolade weiß?

Aus den Kakaobohnen wird durch Zerkleinern und Erhitzen Kakaomasse gewonnen. Sie besteht aus braunem Kakaopulver und gelber Kakaobutter. Damit daraus süße Schokolade entsteht, werden noch Milch, Zucker, zusätzliche Kakaobutter oder Sahne dazugegeben – je nachdem, ob eine Zartbitter-Schokolade oder eine Vollmilch-Schokolade entstehen soll.

Bei weißer Schokolade wird die Kakaomasse ganz am Anfang getrennt. Für weiße Schokolade nimmt man nur farblose Kakaobutter, kein Kakaopulver. Dann geht aber alles wie bei der braunen Schokolade weiter. Unter Schokoladenliebhabern ist umstritten, ob weiße Schokolade ohne Kakaopulver überhaupt „echte“ Schokolade ist. Egal, Hauptsache sie schmeckt!

Warum platzt die Wurst?

Das kennt ihr bestimmt auch: Im Topf kochen leckere Knackwürstchen und ihr freut euch schon drauf. Aber wenn sie auf dem Teller liegen, sehen sie nicht mehr so toll aus. Denn die Haut ist geplatzt. Was ist passiert? Wenn die Wurst in kochendem Wasser heiß wird, dehnt sich die Fleisch- oder Sojamasse in der Wurst aus. Und zwar so schnell, dass die Haut keine Zeit hat, sich auch auszudehnen, und sich spannt. Irgendwann ist der Druck im Würstchen dann so stark, dass die Pelle die Masse nicht mehr festhalten kann und platzt.

Wenn ihr kein geplatztes Würstchen wollt, gibt es einen Trick: Ihr müsst das Wasser langsam erhitzen, es darf nicht kochen! Dann hat die Wurstpelle auch genug Zeit sich auszudehnen und platzt nicht!

Übrigens:
Das Gleiche geschieht auch mit Eiern im Kochtopf. Das Eiweiß wird heiß und dehnt sich dabei schnell aus. Die Eierschale hat aber keine Zeit sich auszudehnen. Und plötzlich platzt die Schale, und Eiweiß und Eigelb fließen in den Topf.

Warum ist Glas durchsichtig?

Du musst dir Glas wie ein Gerüst aus vielen Gitterstangen vorstellen. Die Gitterstangen sind winzigkleine so genannte Atome, die sich gegenseitig festhalten. Bei Glas ist dieses Gittergerüst ganz besonders regelmäßig aufgebaut. Zwischen den einzelnen Gitterstäben ist sehr viel Platz. Wenn Licht auf das Gittergerüst trifft, kann es einfach hindurchscheinen. Nichts stört es auf dem Weg. Und deswegen ist Glas durchsichtig.

Warum fällt Brot immer auf die Marmeladenseite?

Es ist immer das Gleiche: Wenn dir das Marmeladenbrot aus Versehen herunterfällt, landet es garantiert auf der beschmierten Seite.
Und das kommt so:
Wenn das Brot vom Teller rutscht, hat es nicht besonders viel Schwung. Denn es hat nur einen leichten Schubs abbekommen. Das reicht gerade dafür, dass die Brotscheibe auf dem kurzen Weg zum Boden eine halbe Drehung machen kann. Und schon landet sie auf dem „Gesicht“. Ganz anders würde der Sturz ausgehen, wenn der Tisch doppelt so hoch wäre. Auf dem längeren Weg hätte die Brotscheibe genug Zeit, sich einmal ganz herumzudrehen – und manchmal wieder mit der Marmelade nach oben zu landen. Aber wer will schon an einem solch hohen Tisch sitzen?

Da gibt es nur eine Lösung. Wenn dir das Brot schon vom Tisch runterfällt, gib ihm einen zusätzlichen Schubs. Dann dreht es sich schneller – und die kurze Strecke reicht vielleicht für eine volle Drehung aus …?

Woher weiß der Toast, wann er fertig ist?

Sobald du den Hebel des Toasters nach unten drückst, passieren zwei Dinge gleichzeitig:
Der Hebel berührt unten im Toaster einen Kontakt, wodurch Strom durch den Toaster fließt und diesen aufheizt. Gleichzeitig startet der Strom einen Elektromagneten, der den Hebel unten festhält.
Die einfachen Toaster haben einen Bimetall-Streifen. Das ist ein Streifen, der aus zwei verschiedenen Metallen zusammengeklebt ist. Dieser Streifen erwärmt sich durch die Hitze des Toasters. Eine Seite des Streifens dehnt sich dabei schneller als die andere und so biegt sich der Streifen. Er biegt sich so weit, bis er einen Schalter berührt – und den Elektromagneten ausschaltet. Der Hebel kommt frei und – plopp! – der Toast springt nach oben.
Du kannst durch die Einstellung am Toaster nur eines bestimmen: wie weit der Bimetallstreifen vom Schalter weg ist. Je weiter er weg ist, desto länger dauert es, bis er den Schalter erreicht – und umso dunkler wird das Brot …
Der Toaster weiß also gar nicht, wann er den Toast freigeben muss. Sondern du allein bestimmst es: durch das Verschieben des Bimetall-Streifens!

Dualit
Dualit

Warum drehen Uhrzeiger von links nach rechts?

Zu den ältesten Uhren der Menscheit gehören Sonnenuhren. Wenn du den Schatten, den die Sonne im Laufe des Tages auf diese Uhren wirft, beobachtest, wirst du feststellen: Der Schatten wandert im Kreis, und zwar rechts herum, wie auch die Sonne wandert.

Die ersten mechanischen Räderuhren, vor knapp 700 Jahren gebaut, sollten die Sonnenuhren nachahmen. Daher ließen die Erbauer dieser Uhren die Zeiger auch in dieser Richtung wandern. Denn daran hatten sich schon alle Leute gewöhnt. Und deswegen laufen unsere Uhren heute noch rechts herum – eben im (Sonnen-)Uhrzeigersinn.

Warum fällt dein Rad beim Fahren nicht um?

Die Antwort scheint einfach zu sein: Weil du halt das Gleichgewicht hältst! Aber ganz so einfach ist es leider nicht. In Wirklichkeit fährst du beim langsamen Fahren in winzigen Schlangenlinien, selbst wenn du meinst, geradeaus zu fahren. Und genau diese Minikurven sorgen dafür, dass du nicht umkippst.
Sobald dein Rad allerdings richtig in Schwung ist, bleibt es von ganz alleine aufrecht!

Ein Experiment:
Das mit den Kurven kannst du nachprüfen. Versuche einmal, ganz besonders langsam zu fahren. Jetzt musst du ganz schön lenken, damit du nicht umfällst!

Wie kommt das Blei in den Bleistift?

Eines muss gleich klargestellt werden: In Bleistiften war noch nie Blei, sondern immer nur Grafit. Deshalb lautet die Frage eigentlich: Wie kommt der Grafit in den Stift?
Am Anfang stehen lauter kleine Brettchen aus Zedernholz. In diese Brettchen werden Rillen gefräst. Dann wird in diese Rillen Leim gefüllt.
In der nächsten Maschine geschieht der entscheidende Schritt: In jede dieser Rillen wird eine Grafitmine gelegt! Danach kommt ein zweites Brettchen mit Rillen von oben auf das erste Brettchen. Das Ganze wird zusammengeklebt. Anschließend werden aus den zwei geleimten Brettchen die Bleistifte gefräst. Also wird der Grafit nicht in den Stift gesteckt, sondern zwischen zwei Brettchen gelegt …

Übrigens:
Wenn du ganz genau hinguckst, kannst du manchmal sogar sehen, wo der Bleistift – oder der Buntstift, denn das geht genauso – zusammengeklebt ist! Am besten geht das bei unlackierten Stiften.

Warum sind Seifenblasen rund?

Sobald Seifenblasen losfliegen, werden sie sofort kugelrund. Denn Seifenblasen sind bequem! Und die bequemste Form ist eine Kugel. Bei einer länglichen Form muss sich die Seifenhaut viel mehr strecken, um die Luft im Inneren festhalten zu können. Und das ist anstrengend. Also zieht sich die Seifenblase zu einer Kugel zusammen. Denn so kann sie die gleiche Menge Luft halten und muss sich nicht so strecken. Die Natur findet Kugeln ideal … und deswegen gibt es kugelige Beeren, Äpfel und vieles mehr! Aber auch die kugelrunde Seifenblase platzt irgendwann. Die Seifenflüssigkeit fließt am Rand der Kugel immer weiter nach unten. Das kannst du an den bunten Schlieren gut erkennen. Die Haut oben an der Seifenblase wird dabei immer dünner. Bis sie platzt. Plopp!

Ein Experiment:
Auch Luftballons sind bequem. Blase einen Luftballon ein wenig auf. Dann quetschst du ihn, bis er eine längliche Form hat. Wenn du ihn loslässt, zieht er sich wieder zu der bequemen Kugel zusammen.
Eine Ausnahme sind die langen Luftballons. Sie bleiben lang gezogen. Aber bequem finden sie es nicht. Und deswegen gehen sie auch schneller kaputt als ihre kugelrunden Verwandten.

Warum tauscht ein Spiegel links und rechts – aber nicht oben und unten?

Wenn du ein T-Shirt anziehst und dich vor den Spiegel stellst, entdeckst du Folgendes: Die Buchstaben sind falsch herum zu sehen. Und wenn du mit der rechten Hand winkst, winkt dein Spiegelbild mit der linken zurück – aber dein Kopf ist immer oben! Tauscht der Spiegel also links und rechts, lässt aber den Kopf, wo er ist?

In Wirklichkeit tauscht der Spiegel nichts. Sondern er zeigt genau das, was du ihm hinhältst. Schreibe einmal ein langes Wort auf und halte das Blatt ganz dicht vor den Spiegel: Der Spiegel wirft dir die Buchstaben an genau der Stelle zurück, an der du sie ihm hinhältst! Und deswegen wirft er auch den Kopf an genau der Stelle zurück, an der er ist.

Übrigens:
Ein Löffel ist mehr als nur ein Spiegel. Er kann dich wirklich „auf den Kopf stellen“ und rechts und links vertauschen. Das liegt an der starken Krümmung. Wenn du den Löffel aber ganz nahe ans Gesicht führst, ist er wieder „nur“ ein Spiegel. Denn dein Kopf bleibt oben …

ZICKE

Warum kann man hören, wenn Wasser kocht?

Manche Kessel pfeifen laut, wenn das Wasser kocht. Denn der aufsteigende Dampf bläst durch einen aufgesetzten Pfeifenkopf. Aber auch sonst kann man durch die Wasser-Koch-Melodie ganz genau hören, wenn das Wasser kocht:
Am Anfang ist alles ziemlich ruhig. Dann sieht man kleine Blasen am Topfrand hängen. Denn in frisch eingefülltem Leitungswasser ist immer Luft gelöst. Wenn das Wasser wärmer wird, steigt diese Luft als kleine Bläschen empor und macht sich dabei leise bemerkbar. Danach sind knallartige Geräusche zu hören. Denn jetzt steigen Blasen vom heißen Boden auf. Oben ist das Wasser noch nicht so heiß. Deswegen fallen die Blasen dort wieder mit einem Knall in sich zusammen. Je größer die Dampfblasen werden, umso dunkler wird der Knall-Ton.
Dann kommt die „Ruhe vor dem Sturm“: Die Dampfblasen sind inzwischen so groß, dass sie gerade die Wasseroberfläche erreichen und ohne zu knallen einfach in die Luft entweichen. Und kurz nach dieser Stille beginnt das Wasser mit einem brodelnden Geräusch zu kochen. Die unterschiedlichen Geräusche, die wir hören, sind also die Melodie platzender Luftblasen.

Wie kommt die Haut auf die Milch?

Milch besteht aus Wasser, Fett und Eiweißen. Und diese Eiweiße sind schuld an der Haut auf der Milch. Wenn Eiweiße heiß werden, verändern sie nämlich ihre Form. Vorher waren sie kugelig, nun werden sie dünn und länglich: wie ein Wollknäuel, das sich auflöst. Die Eiweißfäden steigen nach oben an die Oberfläche und kleben dort zusammen. So entsteht die Haut auf der Milch!
Wer diese Eiweißhaut nicht mag, kann sie durch einen Trick verhindern. Haltet kurz nach dem Kochen mit einem Löffel einen Eiswürfel in die heiße Milch, dann bildet sich die Haut nicht! Denn so wird an der Oberfläche die Milch kurz kühler und die Eiweißfäden können nicht verkleben.

Übrigens:
Diese Haut ist auch schuld daran, dass Milch überkocht. Denn beim Kochen entsteht Wasserdampf. Der Dampf kann aber nicht durch die Haut nach oben entweichen. Deswegen hebt er die Haut mit hoch – und die Milch kocht über.

Warum rostet Eisen?

Glänzendes Eisen wie an einem neuen Fahrrad gibt es in der Natur nicht. Dort kommt Eisen nur als rotes Eisenerz unter der Erde vor. Erst durch die Hitze im Hochofen wird daraus glänzender Stahl.
Nun wartet also das Eisen auf die Gelegenheit, sich wieder in Eisenerz zurückzuverwandeln. Dazu braucht es nur Luft und ein bisschen Feuchtigkeit – am besten Regen. Und schon wird es wieder zu rotem Eisenerz. Es rostet!
Damit das nicht so schnell passiert, ist eine Schutzschicht auf dem Eisen. So kann die Luft das Eisen nicht berühren. Aber ein kleiner Kratzer genügt und Luft und Feuchtigkeit können zu dem Eisen vordringen. Und schon verwandelt sich der Stahl genau an dieser Stelle in rostig rotes Eisenerz zurück.

Warum schneiden Messer?

Betrachte einmal eine Styropor-Platte genauer. Sie besteht aus lauter zusammengepressten Kügelchen. Wenn du durch diese Platte schneidest, trennst du die Kügelchen voneinander.
Eigentlich sind alle Dinge auf dieser Welt wie Styropor aus winzigen Kügelchen aufgebaut. Nur sind diese Kügelchen so klein, dass du sie selbst mit dem stärksten Mikroskop nicht sehen kannst. Bei festen, harten Gegenständen sind die Kügelchen ganz dicht gepackt, bei weicheren Gegenständen lockerer.
Wenn du eine Gurke durchschneidest, trennst du also die Mini-Gurkenkügelchen voneinander.
Je schärfer das Messer ist, desto besser passt es zwischen die winzigen Kügelchen – und desto leichter kannst du sie voneinander trennen.

Warum fallen wir nicht aus dem Looping raus?

Stell dir vor, du sitzt in einem Karussell, das sich sehr schnell dreht. Der Schwung drückt dich fest in deinen Sitz. Gut so, denn sonst würdest du in hohem Bogen aus dem Karussell fliegen. Je schneller sich das Karussell dreht, desto größer ist die Kraft, mit der du in den Sitz gepresst wirst. Ein Looping ist nichts anderes als ein Karussell, das sich senkrecht dreht. Dabei ziehen zwei Kräfte an dir. Die Erdanziehung möchte dich natürlich nach unten auf den Boden ziehen. Aber die hohe Geschwindigkeit im Looping drückt dich fest in deinen Sitz. Und diese Kraft ist viel, viel stärker als die Erdanziehung und gewinnt das Duell. Weil sich also die Bahn immer schnell genug dreht, wirst du in den Sitz gedrückt. Und du kannst nie herausfallen!

Ein Experiment:
Fülle einen kleinen Eimer zu einem Viertel mit Wasser. Stelle dich ins Freie. Nun drehst du dich mit dem Eimer kräftig wie ein Karussell im Kreis herum. Kein Wasser fließt heraus. Als Nächstes schleuderst du das Wasser sogar über deinen Kopf! Auch jetzt fließt kein Wasser heraus. Denn die Geschwindigkeit, mit der du den Eimer schleuderst, drückt das Wasser fest in den Eimer …

Warum sind nasse Sachen dunkler als trockene?

Stell dir vor, Licht trifft auf ein Stück Stoff. Wenn der Stoff schwarz ist, verschluckt er einfach alles Licht. Und kein Licht wird mehr zu dir zurückgestrahlt. Du siehst „schwarz“. Je heller eine Farbe ist, desto weniger Licht verschluckt sie. Wenn alles Licht von dem Stoff zu dir zurückgeworfen wird, erscheint dir die Farbe weiß.
Nun trägst du zum Beispiel ein hellblaues T-Shirt. Kaum kommt Wasser darauf, sieht diese Stelle viel dunkler aus. Wie kommt das?
Auch Wasser verschluckt Licht! Wenn also Licht auf ein nasses Stück Stoff fällt, wird ein Teil des Lichtes vom Wasser festgehalten. Und es kommt weniger Licht zu deinem Auge zurück. Je weniger Licht zu dir kommt, desto dunkler sieht diese Stelle aus!

Ein Experiment:
Du kannst beweisen, dass schwarze Farbe Licht schluckt: Lege ein weißes und ein schwarzes Stück Stoff nebeneinander in die Sonne. Nach kurzer Zeit wirst du feststellen, dass der schwarze Stoff viel wärmer ist als der weiße. Denn Licht bedeutet auch Wärme. Der schwarze Stoff hat so viel Licht geschluckt, dass er dabei ganz warm wurde!

Warum brennt eine Kerze?

Eine Kerze besteht aus Wachs. Außerdem aus einem Docht, der aus sehr saugfähigem Material gemacht ist. Hast du schon einmal versucht, Wachs ohne einen Docht anzubrennen? Das funktioniert nicht. Und der Docht alleine würde in wenigen Minuten komplett verbrennen. Warum brennt also die Kerze? Durch das Anzünden schmilzt etwas Wachs in der Nähe des Dochtes. Der Docht saugt dieses flüssige Wachs auf und zieht es nach oben. Die Hitze der Flamme lässt das Wachs verdunsten. Und nur dieser Wachsdampf brennt!

Ein Experiment:
Zünde eine Kerze an und lasse sie für einen Augenblick brennen. Dann bläst du sie aus. Siehst du den feinen Rauchfaden, der nach oben steigt? Das ist Wachsdampf. Entzünde schnell ein Streichholz und halte es vorsichtig von oben an diesen Rauchfaden. Sofort beginnt der Wachsdampf zu brennen und die Kerze entflammt wieder. Obwohl du den Docht nicht direkt entzündet hast! Mach das aber bitte nur, wenn ein Erwachsener dabei ist …

Warum lässt sich Geschenkband kräuseln?

Du nimmst eine Schere, streichst sie fest an einem Geschenkband entlang und schon kräuselt es sich. Die Physiker nennen das „Materialverschiebung“. Was heißt das? Unter einem Mikroskop kann man sehen, was sich verändert hat. Auf der Seite, über die du gestrichen hast, sieht es nun aus wie auf einem Hausdach: Lauter Dachziegel, die sich überlappen. Mit der Schere hast du hier alles wie Schuppen zusammengeschoben. Auf dieser Seite ist plötzlich weniger Platz. Die andere Seite muss sich daher dehnen. Dort sieht es genau andersherum aus: Die „Ziegel“ liegen alle nebeneinander, sogar mit Lücken dazwischen.
Zwischen den beiden Seiten entsteht eine Spannung – und das Band biegt und kräuselt sich dadurch.

Ein Experiment:
Diese „Materialverschiebung“ kannst du selbst an dir beobachten. Stecke dein T-Shirt stramm in die Hose. Dann beugst du dich nach vorne. Was siehst du? An deinem Bauch hängt das T-Shirt nun in Falten – das sind die ineinander verschobenen „Dachziegel“. Und an deinem Rücken hat das T-Shirt sich so gedehnt, dass es vielleicht sogar ein bisschen aus der Hose gerutscht ist!

Warum haben wir auf Fotos oft rote Augen?

Die Haut ganz hinten im Auge heißt Netzhaut. Diese Haut ist stark durchblutet. Blitzlicht, das auf diese Netzhaut fällt, wird wie von einem Spiegel zurückgeworfen. Und weil die Netzhaut wegen der guten Durchblutung rot ist, strahlt rotes Licht aus dem Auge zurück.

Übrigens:
Manche Fotoapparate haben einen „Vorblitz", um diese „Kaninchenaugen" zu verhindern. Dieser kurze Blitz sorgt dafür, dass sich die Pupillen in den Augen verkleinern. Dadurch gelangt bei dem eigentlichen Blitz weniger Licht ins Auge. Und so wird auch weniger Licht von der roten Netzhaut zurückgeworfen.

In der Reihe „Was Kinder wissen wollen“
sind bereits folgende Titel erschienen:

Was wäscht der Waschbär?
Verblüffende Antworten
aus der Tierwelt

ISBN 978-3-86613-072-2

**Woher kommen
Blitz und Donner?**
Verblüffende Antworten
über Himmel und Erde

ISBN 978-3-86613-073-9

**Warum haben wir
zehn Zehen?**
Verblüffende Antworten
über den Körper

ISBN 978-3-86613-200-9

**Wie kommen die Streifen
in die Zahnpasta?**
Verblüffende Antworten
aus dem Alltag

ISBN 978-3-86613-201-6

Hatten Dinos Karies?

Verblüffende Antworten
über die Saurier

ISBN 978-3-86613-239-9

**Woher weiß der Toast,
wann er fertig ist?**
Verblüffende Antworten
aus dem Alltag

ISBN 978-3-86613-240-5

**Wie viele Höcker
hat ein Kamel?**
Verblüffende Antworten
aus der Tierwelt

ISBN 978-3-86613-256-6

Wie spült die Klospülung?

Verblüffende Antworten
über Technik

ISBN 978-3-86613-257-3

**Können Schmetterlinge
hören?**
Verblüffende Antworten
über kleine Tiere

ISBN 978-3-86613-227-6

Was spuckt ein Vulkan?

Verblüffende Antworten
über Naturgewalten

ISBN 978-3-86613-228-3

**Wo ist im Weltalll
oben und unten?**
Verblüffende Antworten
über den Kosmos

ISBN 978-3-86613-237-5

**Warum knallt
die Knallerbse?**
Verblüffende Antworten
über Pflanzen

ISBN 978-3-86613-238-2

**Wie kommt der Ritter
in die Rüstung?**
Verblüffende Antworten
über das Mittelalter

ISBN 978-3-86613-270-2

**Wie macht die Kuh
die Milch?**
Verblüffende Antworten
über den Bauernhof

ISBN 978-3-86613-269-6

Können Fische rülpsen?

Verblüffende Antworten
über das Meer

ISBN 978-3-86613-282-5

**Warum hat
ein Bagger Zähne?**
Verblüffende Antworten
über Baustellen

ISBN 978-3-86613-283-2

Warum stinkt der Käse?

Verblüffende Antworten
über Essen und Trinken

ISBN 978-3-86613-293-1

**Warum tragen
Indianer Federn?**
Verblüffende Antworten
über Indianer

ISBN 978-3-86613-294-8

**Wann darf der Lokführer
aufs Klo?**
Verblüffende Antworten
über die Bahn

ISBN 978-3-86613-524-6

**Wo beginnt
der Regenbogen?**
Verblüffende Antworten
über Himmel und Erde

ISBN 978-3-86613-507-9

**Wie schnell ist
die Feuerwehr?**
Verblüffende Antworten
über die Feuerwehr

ISBN 978-3-86613-523-9

**Frieren Pinguine
an den Füßen?**
Verblüffende Antworten
über Eis und Schnee

ISBN 978-3-86613-525-3

**Wie kommt der Fisch
in die Stäbchen?**
Verblüffende Antworten
aus dem Alltag

ISBN 978-3-86613-533-8